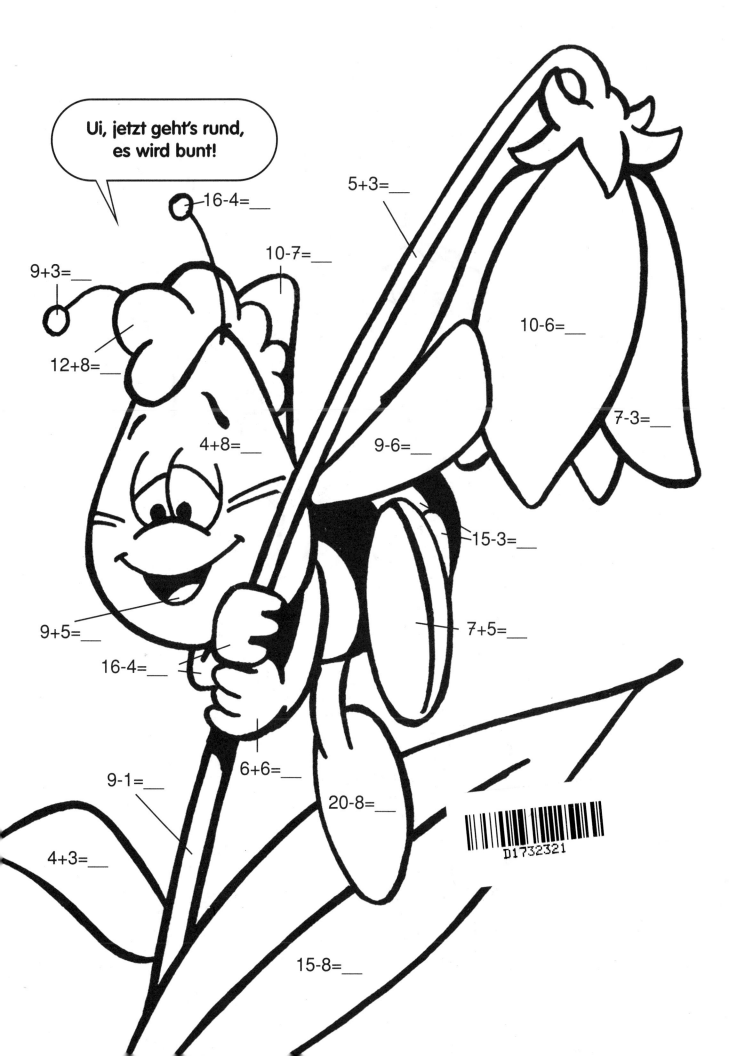

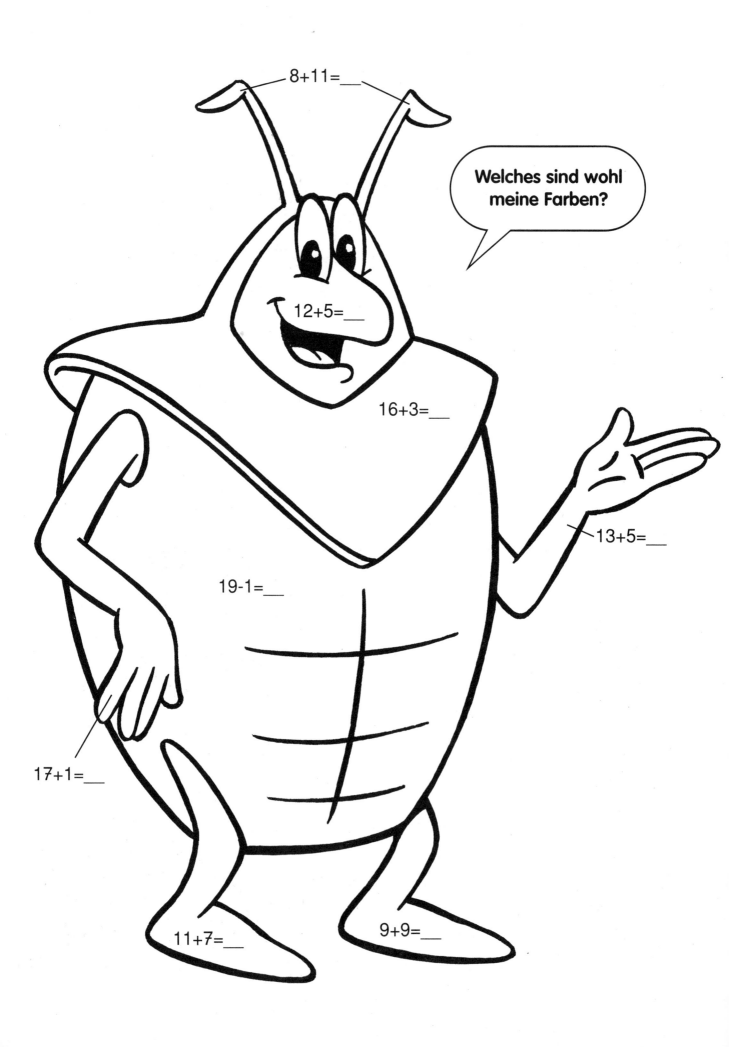

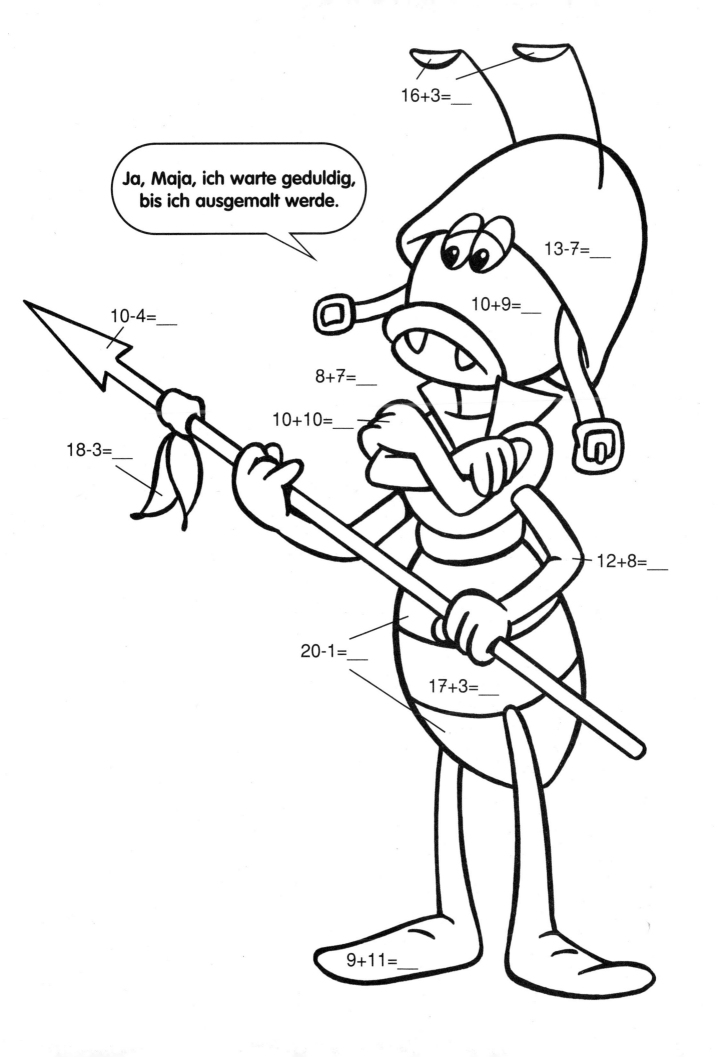

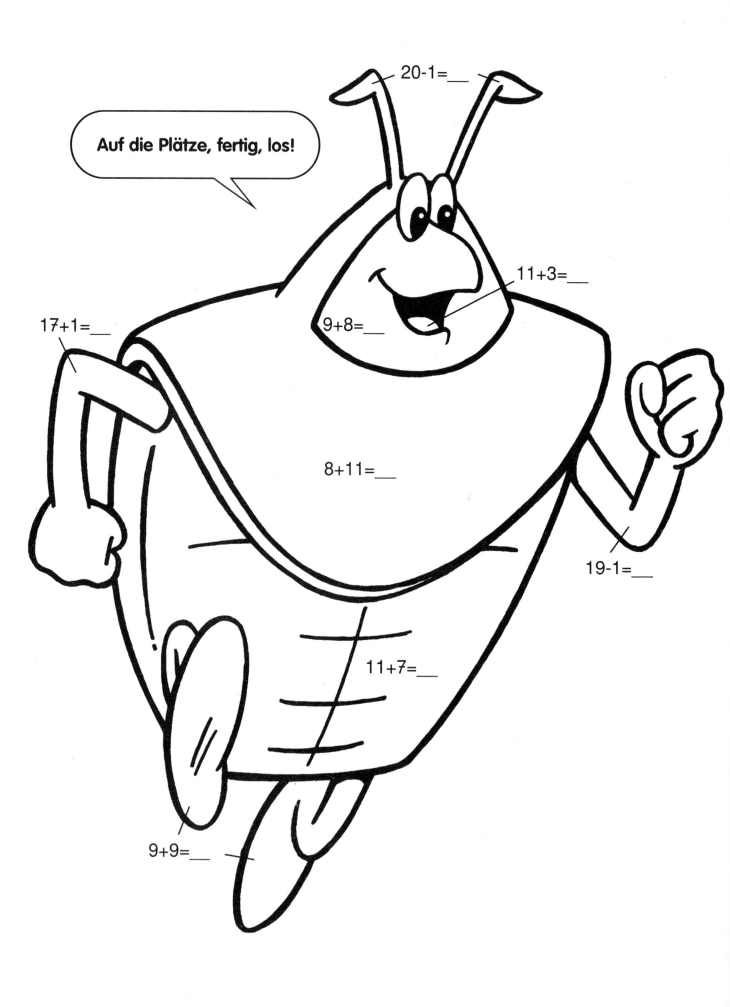

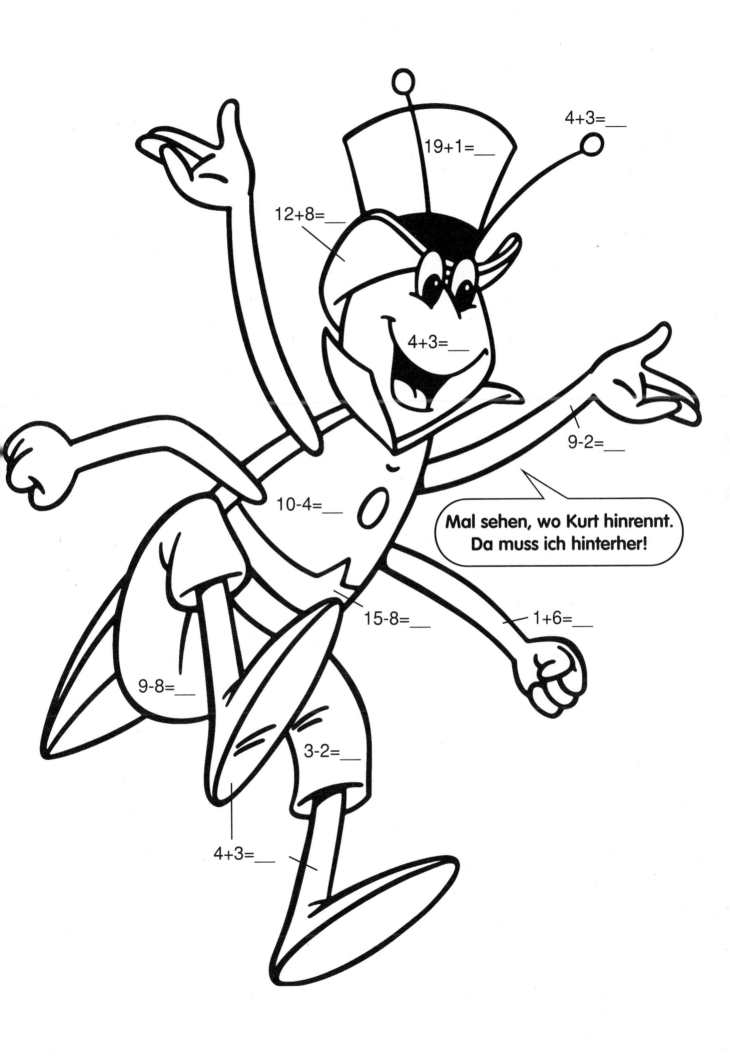

14-3=___

2+9=___

5+8=___

15-2=___

In bunten Farben ist die Wiese noch schöner! Löse die Aufgaben, und du wirst sehen.

11+3=___

10-6=___

2+2=___

6-2=___

15-8=___

5+3=___

3+3=___

7-3=___

12-6=___

9-1=___

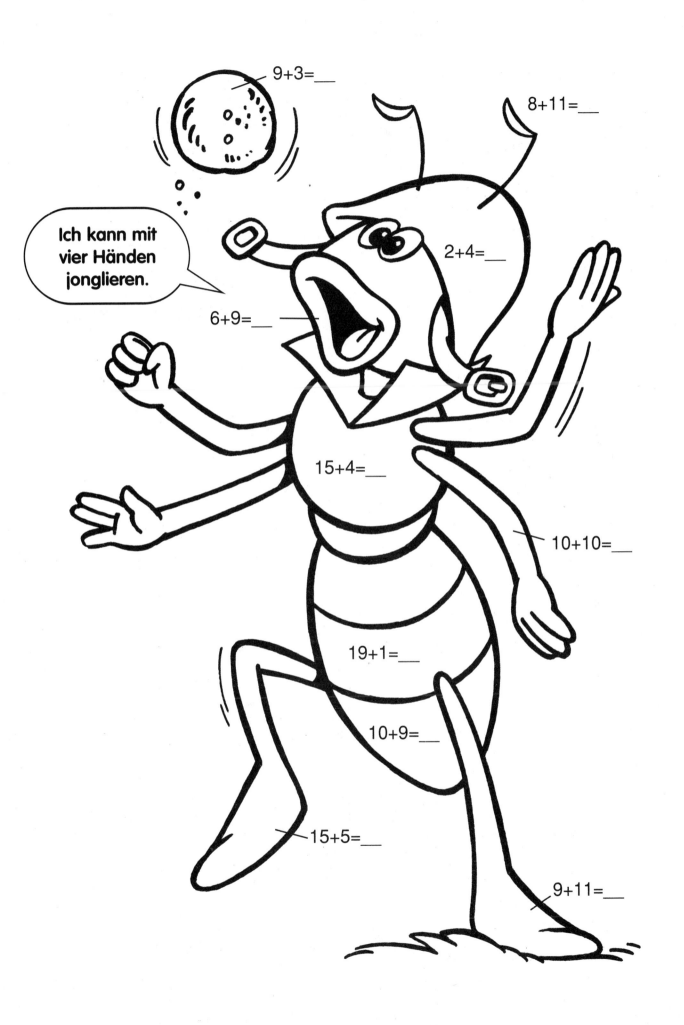

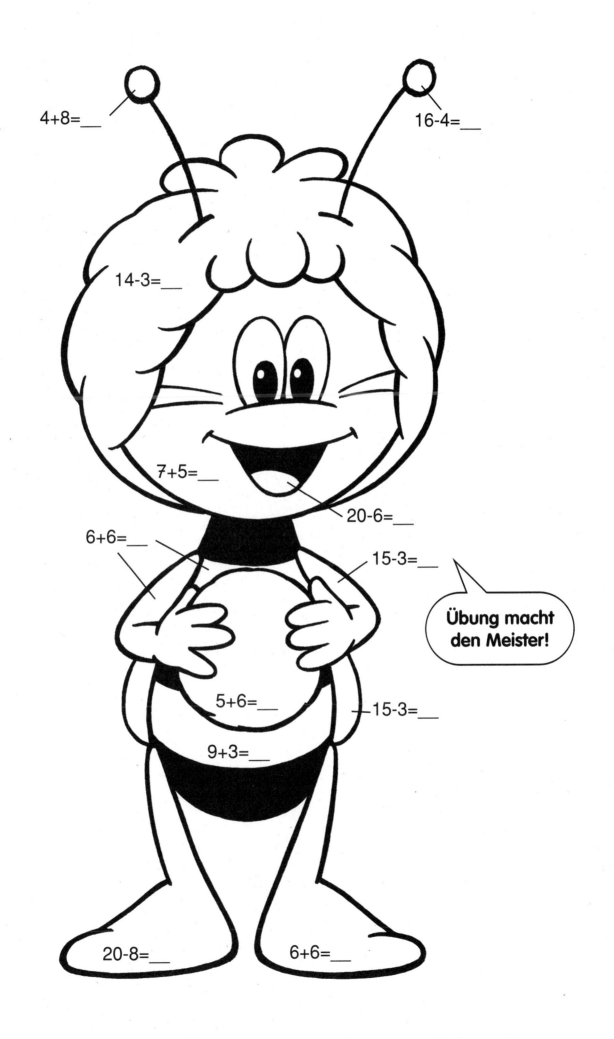

14-4=___

14+3=___

6-2=___

5+8=___

5+5=___

9+9=___

9-6=___

20-6=___

16+3=___

7+7=___

7-4=___

2+1=___

15-12=___

Welche Farbe hat der Schal des Schneemanns?